Inhalt

Neuer IFRS 2 zu aktienbasierten Vergütungssystemen

Kernthesen

Beitrag

Fallbeispiele

Weiterführende Literatur

Impressum

Neuer IFRS 2 zu aktienbasierten Vergütungssystemen

A.Kaindl

Kernthesen

- Das International Accounting Standards Board hat im Februar 2004 einen Bilanzierungsstandard zu aktienbasierten Vergütungssystemen veröffentlicht. Dieser sieht vor, dass die mit Aktienoptionsprogrammen verbundenen Kosten in der Gewinn- und Verlustrechnung auszuweisen sind.
- Die Europäische Kommission will, dass die Aktionäre auf die Bezüge von Führungskräften Einfluss nehmen können. Die Aktionäre sollen das Recht erhalten, in

der Hauptversammlung über die Rahmenbedingungen aktienbasierter Vergütungen zu entscheiden.
- Aktienoptionsprogramme sind nach dem Urteil des Bundesgerichtshofs nicht für Aufsichtsräte geeignet. Die Richter haben entschieden, dass die Vergütung des Kontrollgremiums eines Unternehmens nicht von der Entwicklung des Aktienkurses abhängen dürfe.

Beitrag

Inhalt, Ziele und Bilanzierung von aktienbasierten Vergütungssystemen

Das International Accounting Standards Board hat am 19. Februar 2004 den International Financial Reporting Standard 2 (IFRS 2) veröffentlicht, mit dem die Bilanzierung von aktienbasierten Vergütungssystemen, wie die Gewährung von Aktienoptionen an Mitarbeiter, geregelt wird. Ab 2005 müssen Unternehmen, die nach den IFRS bilanzieren, ihre Aktienoptionen als Aufwand in der Gewinn- und Verlustrechnung ausweisen. Betroffen sind von der

Regelung die Konzernabschlüsse aller kapitalmarktorientierten Unternehmen. (1), (3)

Damit wird nach langem Ringen mehr Transparenz über die Kosten der in den vergangenen Jahren in die Kritik geratenen Aktienoptionsprogramme geschaffen. Im Zuge der Bilanzskandale sind die Programme als Anreiz für Bilanzmanipulationen in Verruf geraten. Mit Optionsprogrammen wird Führungskräften das Recht eingeräumt, Aktien des eigenen Unternehmens in einem bestimmten Zeitraum zu einem festgesetzten Preis zu erwerben. Aktienoptionsprogramme für Mitarbeiter und Führungskräfte haben in den letzten Jahren erheblich an Bedeutung gewonnen, ohne dass ihre bilanzielle Behandlung und Bewertung bisher in den internationalen Bilanzierungsstandards geregelt wurde. Dadurch wurden Aktienoptionspläne idR nicht als Aufwendungen erfasst, so dass sowohl die möglichen Kosten dieser Programme als auch die potenziellen Eigenkapital-Verschiebungen von Altaktionären zu den Mitarbeitern oder Führungskräften nicht transparent waren. Aktienoptionsprogramme erfreuten sich einer großen Beliebtheit, da sie den Personalaufwand erheblich verringerten. Damit wurden die Gewinne der Unternehmen, die über Aktienoptionspläne verfügten, bisher tendenziell zu hoch ausgewiesen. (1), (3), (4)

Entsprechend dem neuen Standard sind aktienbasierte Vergütungsregeln grundsätzlich mit dem beizulegenden Zeitwert (Fair Value) der dafür erbrachten Gegenleistung zu bewerten. Dabei gelten alle Transaktionen mit Mitarbeitern als aktienbasierte Vergütungsregelung, bei denen für erhaltene Güter oder in Anspruch genommene Leistungen im Gegenzug Eigenkapitalinstrumente des Unternehmens gewährt werden. Da der Fair Value einer erbrachten Arbeitsleistung idR nicht zu bestimmen ist, wird der Fair Value des dafür gewährten Eigenkapitalinstruments herangezogen. Maßgeblich für die Bestimmung des Fair Values ist der Zeitpunkt der Gewährung des Eigenkapitalinstruments. (1), (3), (4), (9)

Von der Neuregelung sind zahlreiche deutsche Unternehmen betroffen. Mit einer Ausnahme verfügen alle DAX-Unternehmen über aktienbasierte Vergütungsmodelle. Wie stark deren Gewinne von dem neuen Bilanzierungsstandard beeinflusst werden, hängt vor allem von der Zahl der Begünstigten ab. Diese schwankt bei den DAX-Unternehmen zwischen rund 6.000 und weniger als 500 Personen. Im Schnitt erhalten nur zwischen einem und anderthalb Prozent der Mitarbeiter Aktienoptionen. Der Aufwand für Aktienoptionsprogramme muss in den Konzernbilanzen ausgewiesen werden, darf aber wegen des Maßgeblichkeitsprinzips nicht steuerlich geltend gemacht werden. (1)

Mit Aktienoptionen sollte das Management belohnt werden, wenn es den Aktionären eine besondere Wertsteigerung verschafft hat. Die Bilanzskandale von Enron, WorldCom oder Tyco haben gezeigt, dass die Aktienoptionen zum Anreiz wurden die eigenen Bilanzen zu manipulierten, um die Aktienkurse künstlich hochzuhalten. Deshalb ist ein Schutz gegen den Missbrauch von Aktienoptionsprogrammen als Gelddruckmaschine nötig. Die Manager sollten bspw. nur von Aktienoptionen profitieren, wenn die Rendite der Aktien eine risikolose Rendite von Bundesanleihen deutlich übertrifft. Zudem sollte ein branchentypischer Vergleichsindex herangezogen werden. Erst wenn sich die Aktie langfristig besser entwickelt als die Kurse der Mitbewerber verdienen Manager eine zusätzliche Vergütung. Vor allem aber müssen die Anteilseigner der Unternehmen wissen, wie stark sie die Optionen der Führungskräfte und Mitarbeiter belasten. Von 2005 an werden die europäischen Unternehmen zu dieser Transparenz verpflichtet. Die Optionen erscheinen dann als Aufwand in der Gewinn- und Verlustrechnung. (2), (12), (13)

Festlegung der Rahmenbedingungen für aktienbasierte Vergütungssysteme durch die Hauptversammlung

Die Europäische Kommission strebt für die Vergütung von Vorständen und Aufsichtsräten börsennotierter Unternehmen eine umfassende Transparenz an. Darunter fällt auch, dass die Stellung der Aktionäre bei der Entlohnung des Unternehmensmanagements gestärkt werden soll. Nach Sicht der Brüsseler Behörde sollen die generellen Rahmenbedingungen zur Vergütung von Vorstandsmitgliedern über Aktien, Aktienoptionen und andere Rechte zum Erwerb von Unternehmensanteilen von der Hauptversammlung zuvor abgesegnet werden. In einem Papier der Kommission heißt es, die Aktionäre sollen das Recht erhalten, über die Rahmenbedingungen aktienbasierter Vergütungen vorab zu entscheiden. Dies schließe auch die Kriterien ein, mit denen die Unternehmen diese Programme an ihre Performance koppelten. Einzelne Vergütungen der Vorstandsmitglieder sollen im Anhang des Konzernabschlusses aufgeteilt nach Fixum, erfolgsbezogenen Komponenten und Komponenten mit langfristigen Anreizwirkungen offen gelegt werden. Die Kommission spricht sich darüber hinsichtlich der erfolgsabhängigen und variablen Anteile, wie etwa Aktienoptionen, dafür aus, eine ausführliche Begründung zu den Kriterien für diese Vergütungskomponenten zu liefern. (5), (6)

Rechtswidrigkeit der Aktienoptionen für Aufsichtsräte

An Aufsichtsräte dürfen nach einem Grundsatzurteil des Bundesgerichtshofs keine Aktienoptionen des Unternehmens vergeben werden, das sie überwachen sollen. Die Ausgabe von Aktienoptionen an Mitglieder des Aufsichtsrats ist nicht mit dem Aktiengesetz vereinbar. Die Richter haben sich darauf berufen, dass der Gesetzgeber die Vergabe von Aktienoptionen bewusst auf die Arbeitnehmer und Manager einer Aktiengesellschaft beschränkt hat. Wegen möglicher Interessenskonflikte werden Aufsichtsräte im Gesetz ausdrücklich nicht erwähnt. Die Unabhängigkeit des Aufsichtsrates könnte beeinflusst werden, wenn dieser dieselben Vergünstigungen erhalte, wie der von ihm zu kontrollierende Vorstand. Zu diesem Urteil des Bundesgerichtshofes kam es aufgrund einer Klage der Deutschen Schutzvereinigung für Wertpapierbesitz gegen das Telekommunikationsunternehmen Mobilcom. (7), (8),

(14)

Fallbeispiele

Der Technologiekonzern IBM hat im Zuge der Diskussion um Aktienoptionsprogramme sein eigenes Entlohnungsmodell für Führungskräfte geändert. Nach dem vom Jahr 2003 an geltenden neuen IBM-Modell liegt der Ausübungspreis für die Optionen künftig um 10 Prozent über dem Marktpreis zum Zeitpunkt der Ausgabe. Bislang lag der Ausübungspreis bei IBM, ebenso wie bei den meisten anderen amerikanischen Unternehmen, die Aktienoptionen ausgeben, auf Höhe des Marktpreises. Nach Angaben von Analysten ist dies das erste Mal, dass ein Unternehmen solche höher gepreisten Optionen ausgibt. Die dahinterstehende Idee ist, dass Manager erst nach den anderen Aktionären von Kursgewinnen profitieren. (10)

Unternehmen gestalten das Gehalt ihrer Mitarbeiter zunehmend leistungsbezogen. Nicht nur bei Führungskräften haben sich variable Bonuszahlungen und Aktienoptionen als Lohnbestandteile etabliert. Dies geht aus dem Gehaltsreport 2003 der Towers

Perrin Unternehmensberatung hervor, in dem die Vergütungsstrukturen auf vier Hierarchieebenen vom Firmenchef bis zum Produktionsarbeiter untersucht worden sind. Besonders Topmanager erhalten eine zunehmend geringere Grundvergütung: Allein in Deutschland machen Bonuszahlungen und Aktienoptionen mittlerweile die Hälfte ihres Gesamtgehaltes aus. Der Trend, Führungskräfte nach ihrem Erfolg zu vergüten, ist laut Studie weltweit zu beobachten. Noch 1996 lag der Anteil der variablen Vergütung in den befragten Unternehmen aus 26 Ländern bei weniger als der Hälfte des Grundgehaltes. In Deutschland waren es damals nur 25 Prozent. Bei deutschen Personalchefs lagen Boni und Aktienoptionen 2003 sogar bei durchschnittlich 69 Prozent des Grundgehaltes. Sieben Jahre zuvor waren es noch 16 Prozent. Die deutschen Unternehmen haben umgedacht und sind leistungs- und erfolgsorientierter geworden. (11)

Nach einer Untersuchung der Union Investment erreichen nur wenige Unternehmen wichtige Mindeststandards bei der Gewährung von Aktienoptionen: So profitieren viele Manager auch dann von den Programmen, wenn der Aktienkurs ihres Unternehmens nur geringfügig steigt oder die Kurse anderer Unternehmen derselben Branche besser abschneiden. Außerdem wurden die Kosten der Aktienoptionsprogramme häufig nicht als

Aufwand in der Gewinn- und Verlustrechnung erfasst. Als vorbildlich stufte die Fondsgesellschaft der Volksbanken BASF, Bayer, Royal Durch und RWE ein. Eine schlechte Gesamtbewetung erhielten der französische Versicherer AXA, der Lebensmittelkonzern Danone, der Luxusgüterhersteller LVMH und der Energiekonzern Total. Schlechteste deutsche Aktiengesellschaft im EuroStoxx50 ist DaimlerChrysler. Damit die Vorstände des Autoherstellers ihre Optionen einlösen können genügt eine Verzinsung auf Sparbuchniveau. Über einen Zeitraum von zehn Jahren muss die Aktie lediglich eine jährliche Kurssteigerung von nicht einmal zwei Prozent erzielen. Zudem fehlt jeder Vergleichsmaßstab. Die DaimlerCrysler-Aktie muss sich nicht besser entwickeln als der DAX oder die Wertpapiere der Branchenkonkurrenten. (12), (13)

Die Manager der Deutschen Bank fanden eine Möglichkeit, auch bei sinkenden Kursen von den gewährten Aktienoptionen zu profitieren. Sie ließen sich im Nachhinein die Bedingungen des Optionsplans von der Hauptversammlung abändern. Die Deutsche Bank hatte mehrere Millionen Optionen vor allem an Investmentbanker verteilt. Wegen der schlechten Kursentwicklung waren die meisten nichts wert. Viele Investmentbanker drohten die Bank zu verlassen. Der Vorstand beschloss im Herbst 2001, den Zuteilungskurs für 10,3 Millionen

Optionen von 98 auf 67 Euro zu senken. Damit stieg die Chance, dass die Aktie bis zum Ablauf der Zuteilungsfrist im Jahr 2007 doch noch richtig Geld wert sein wird. Das Geschenk des Vorstandes an die Besitzer der Optionen lag zu damaligen Preisen, so eine Studie der Investmentbank Merrill Lynch, bei 30 Millionen Euro. (13)

Weiterführende Literatur

(1) Aktienoptionen müssen als Aufwand verbucht werden
aus Frankfurter Allgemeine Zeitung, 21.02.2004, Nr. 44, S. 11

(2) Vorbild für Amerika
aus Frankfurter Allgemeine Zeitung, 21.02.2004, Nr. 44, S. 11

(3) Aktienoptionen müssen als Aufwand verbucht werden Europäer kommen USA bei Bilanzregeln zuvor
aus Financial Times Deutschland vom 20.02.2004, Seite 19

(4) Zitzelsberger, Gerd, Aktienoptionen müssen in die Bilanz, Vorstandsvergütungen werden dadurch ein Stück durchschaubarer, Firmen suchen nach Alternativen, SZ vom 20.2.2004, S. 21
aus Financial Times Deutschland vom 20.02.2004, Seite 19

(5) Brüssel will Hauptversammlung stärken Aktionäre sollen Rahmen für Vorstandsvergütungen vorab beschließen - Details für Abfindungen offen legen
aus Börsen-Zeitung, 03.02.2004, Nummer 22, Seite 6

(6) EU will Transparenz bei Vorstandsgehältern Individuelle Offenlegung der Bezüge EU-Kommission formuliert Empfehlung - Druck auf deutsche Unternehmen wird steigen
aus Börsen-Zeitung, 03.02.2004, Nummer 22, Seite 1

(7) Keine Aktienoptionen für Aufsichtsräte mehr
aus Frankfurter Allgemeine Zeitung, 20.02.2004, Nr. 43, S. 13

(8) Bundesgerichtshof sieht Aktienoptionen für Aufsichtsräte als rechtswidrig an
aus Die Welt, Jg. 59, 21.02.2004, Nr. 44, S. 21

(9) IASB schließt Lücke bei Stock Options Aktienbasierte Vergütungen als Aufwand zu buchen - Fair-Value-Bewertung - Standard-Setter legt IFRS 2 vor
aus Börsen-Zeitung, 20.02.2004, Nummer 35, Seite 7

(10) IBM ändert Regeln für Aktienoptionen
aus Frankfurter Allgemeine Zeitung, 26.02.2004, Nr. 48, S. 18

(11) Bonus toppt Grundgehalt Towers Perrin Report: Leistungsbezogene Vergütung etabliert sich international

aus Financial Times Deutschland vom 09.12.2003, Seite 33

(12) Abkassieren mit Aktienoptionen Union Investment: Programme der meisten EuroStoxx-Unternehmen sind mangelhaft
aus Allgemeine Zeitung vom 10.1.2004

(13) Süßes Gift
aus Der Spiegel, 16.02.2004, Nr. 8, Seite 68

(14) Keine Aktienoptionen mehr für Aufsichtsräte?
aus Börsen-Zeitung, 25.02.2004, Nummer 38, Seite 7

Impressum

Neuer IFRS 2 zu aktienbasierten Vergütungssystemen

Bibliografische Information der deutschen Nationalbibliothek

Die Deutsche Nationalbibliothek verzeichnet diese Publikation in der deutschen Nationalbibliografie; detaillierte bibliografische Daten sind im Internet über http://dnb.d-nb.de abrufbar.

ISBN: 978-3-7379-1313-3

© 2015 GBI-Genios Deutsche Wirtschaftsdatenbank GmbH, Freischützstraße 96, 81927 München, www.genios.de

Alle Rechte vorbehalten. Dieses Werk ist einschließlich aller seiner Teile – z.B. Texte, Tabellen und Grafiken - urheberrechtlich geschützt. Jede Verwertung außerhalb der Grenzen des Urheberrechtsgesetzes bedarf der vorherigen Zustimmung des Verlags. Dies gilt insbesondere auch für auszugsweise Nachdrucke, fotomechanische Vervielfältigungen (Fotokopie/Mikroskopie), Übersetzungen, Auswertungen durch Datenbanken oder ähnliche Einrichtungen und die Einspeicherung und Verarbeitung in elektronischen Systemen.